OBSERVATIONS

DU

TRIBUNAL DE CASSATION,

PRÉSENTÉES

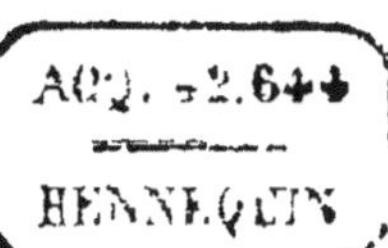

AU GOUVERNEMENT

Le troisième Jour complémentaire an XI.

A PARIS,

DE L'IMPRIMERIE DE LA RÉPUBLIQUE.

Vendémiaire an XII.

OBSERVATIONS

DU
TRIBUNAL DE CASSATION,

Présentées au Gouvernement le 3.ᵉ jour complémentaire an 11, en exécution de l'arrêté du 5 Ventôse an 10, par une députation composée des citoyens MURAIRE, Conseiller d'état, Président du Tribunal, portant la parole; MALEVILLE, Président de la section civile; COCHARD, LASAUDADE, BAILLY, ZANGIACOMI, CASSAIGNE, BRILLAT-SAVARIN, BARRIS, SCHWENT, MINIER, LACHÈSE, Juges; et MERLIN, Commissaire du Gouvernement.

L'ARRÊTÉ du 5 ventôse an 10 avait déjà averti le tribunal de cassation de la grandeur de la mission qu'il l'appelait à remplir; mais au moment où, introduit dans cette enceinte où la sagesse balance les destinées de la République, il vient s'en acquitter, combien il sent davantage et l'importance et l'étendue du devoir qu'elle lui impose!

- Français, si vous pouviez tous être les témoins de cette magnifique et solennelle séance, quel spectacle pour vos cœurs, de voir le Chef de l'État, environné de ses dignes et respectables coopérateurs, assis dans le conseil auguste de la nation, s'y occuper, au milieu des plus vastes projets, des détails immenses de l'administration générale, des circonstances qui, pour tout autre que pour lui, seraient des circonstances exclusives, s'y occuper avec calme du perfectionnement des lois régulatrices de vos intérêts les plus chers, et de l'amélioration de l'administration de la justice, première base des états et des gouvernemens!

Associé à ces sublimes méditations, le tribunal de cassation regrette de ne pouvoir remplir cette fois que sous des points de vue généraux la belle attribution qui lui est conférée par la loi et par l'arrêté des Consuls du 5 ventôse, de présenter chaque année au

Gouvernement le tableau des parties de la législation dont l'expérience lui aura fait connaître les vices ou l'insuffisance.

Mais lorsque, de toutes parts, des hommes profonds et éclairés, appelés par le Gouvernement et dignes de sa confiance, se sont occupés et s'occupent de la rédaction des divers codes qui doivent composer notre législation générale ; lorsque le grand ouvrage du code civil, déjà achevé dans la partie la plus importante, va être bientôt achevé dans sa totalité ; lorsque les projets déjà rédigés d'un code criminel, d'un code de procédure et d'un code de commerce, vont incessamment être soumis à la discussion, le tribunal de cassation, partageant l'attente et l'espérance de tous les bons citoyens, est réduit à n'offrir aujourd'hui au Gouvernement qu'un tribut de reconnaissance et quelques aperçus généraux.

Il le dit avec satisfaction, parce qu'il lui est permis de s'honorer d'en avoir eu la pensée ; la sagesse et la sollicitude du Gouvernement l'ont même prévenu sur plusieurs objets importans qu'il s'était proposé de faire entrer dans les observations qu'il vient lui présenter :

accord heureux et rassurant, qui présage tout le bien qui sera fait par l'unité d'intention de le faire ! _

Dans ces observations nécessairement restreintes et rapides, puisqu'elles porteraient inutilement sur une législation fugitive, qui touche à son terme et qui sera réformée ou modifiée par les lois nouvelles ; puisque, devant naître de l'expérience, elles ne peuvent pas porter non plus sur ces lois nouvelles non encore éprouvées ; nous nous bornerons donc, en nous conformant à l'esprit de l'arrêté du 5 ventôse an 10, à développer les vues qui nous ont paru les plus utiles sur les points qui y sont plus spécialement indiqués.

Cet arrêté porte que, dans le tableau annuel que le tribunal de cassation présentera au Gouvernement, seront spécialement exposés les moyens,

1.º De prévenir les crimes, d'atteindre les coupables, de proportionner les peines, et d'en rendre l'exemple le plus utile ;

2.º De perfectionner les différens codes ;

3.º De réformer les abus qui se seraient glissés dans l'exercice de la justice, et d'établir

(5)

dans les tribunaux la meilleure discipline, soit
à l'égard des juges, soit à l'égard des officiers
ministériels.

Ainsi la division de notre travail a été
tracée, et c'est celle que nous avons suivie.

§. I.er

NOTRE tâche sur le premier objet est extrêmement simplifiée par l'attente du code criminel, dont le projet va être incessamment
publié et soumis à la méditation des juriscon-
sultes et des hommes d'état.

Elle ne l'est pas moins par la prévoyante
sollicitude du Gouvernement, qui, par les
mesures actives et fortes qu'il a opposées au
brigandage, au faux et à la récidive, a lui-
même satisfait d'avance à quelques-unes des
principales questions sur lesquelles il demande
à être éclairé.

Dans cette position, laissant à part tout ce
qui tient à l'ensemble du code criminel, et
nous reposant sur l'effet heureusement éprouvé
des mesures déjà prises par le Gouvernement,
nous nous bornerons à lui offrir quelques vues
partielles, mais tellement importantes, qu'il est

peut-être utile que le vœu du tribunal de cassation y prépare l'opinion publique.

Nullités en matière criminelle. La première de ces vues porte sur les nullités multipliées à l'infini dans la loi du 3 brumaire an 4, et qui sont telles, qu'il est presque impossible que la procédure faite par les juges les plus attentifs échappe à la censure et même à la cassation.

Sans doute, il est des nullités essentielles et de rigueur, parce qu'elles intéressent et les accusés et la société, et parce que l'observation stricte des formes établies pour la régularité de la procédure est une sauve-garde nécessaire contre l'arbitraire et l'injustice.

Mais ici, comme en toute chose, il faut prévenir l'abus ; il faut déterminer d'une manière précise quelles sont ces nullités essentielles et de rigueur, et ne pas laisser aux accusés la ressource illimitée dont ils sont trop portés à abuser, de pouvoir attaquer une procédure et un jugement sous le prétexte du vice d'un simple acte, vice couvert par l'acte subséquent, et que, lorsqu'il le pouvait, l'accusé lui-même n'a pas pensé à relever.

Ainsi, une procédure sera cassée, parce

que, dans son principe, le mandat d'arrêt ne contenait pas les noms, profession et domicile du prévenu, tandis que, dans le cours de cette procédure, l'identité du prévenu et de l'individu arrêté aura été reconnue, tandis que l'accusé lui-même n'aura pas réclamé contre sa détention !

Tout sera concilié à cet égard, et ce qui appartient au droit naturel de la défense, et ce qui appartient à l'intérêt de la justice, en fixant précisément les nullités graves, majeures, toujours subsistantes, qui enveloppent l'instruction et le jugement; et quant aux autres, en divisant les époques de la procédure de telle manière, que les nullités des premiers actes demeurent couvertes par les actes ultérieurs et subséquens, quand elles n'auront pas été proposées.

Mais il est un point plus important encore, que l'expérience signale, et qui mérite plus particulièrement l'attention du Gouvernement; il est relatif à la composition des jurys et aux questions à poser aux jurés de jugement.

Le triste résultat de l'impunité des plus grands crimes offensant la morale publique, effrayant

Composition des jurys.

A 4

la société, a presque conduit à douter si l'institution des jurés, si belle en théorie, n'a pas
été jusqu'aujourd'hui plus nuisible qu'utile dans
ses effets.

Et bientôt ce premier doute conduisant à un
second, peut-être faudrait-il examiner aujour-
d'hui d'après l'expérience ce qui ne le fut par
l'assemblée constituante qu'en spéculation : peut-
être serait-il à examiner encore si, dans un
pays où il n'y a plus ni féodalité, ni distinction,
ni privilége, l'institution des jurés offre des
avantages bien réels ; s'il est bien vrai que, pour
prononcer sur un crime et sur toutes les circonstances qui le nuancent, il suffise d'avoir
du sens commun et des lumières naturelles ; si
l'institution des jurés s'adapte parfaitement au
caractère national ; si elle peut bien s'allier
avec ce sentiment trop ordinaire de générosité
et d'indulgence dans les uns, de timidité et
d'insouciance dans les autres, qui portera toujours à la commisération l'homme qui ne s'est
pas fortifié dans l'habitude de juger, et qui ne
voit devant lui que l'homme qu'il va frapper, la
société n'étant à ses yeux qu'un être abstrait et
invisible : peut-être enfin serait-il à examiner

encore si l'ordonnance de 1670, modifiée par les décrets de 1789, n'offre pas une garantie plus sûre et des motifs plus réels de sécurité.

Mais ceci appartenant plus à la discussion générale du code criminel, qu'à de simples observations, le tribunal de cassation, prenant ce qui est, et remontant aux causes qui ont rendu si peu rassurant l'essai fait jusqu'aujourd'hui de l'institution des jurés, a remarqué que trop peu de conditions étaient requises pour pouvoir être juré, et qu'en même temps qu'on avait négligé de prescrire des qualités pour pouvoir exercer cette fonction redoutable, ce qui trop souvent y appelait des hommes incapables et ignorans, on avait aussi trop multiplié les exclusions des hommes instruits, par des incompatibilités exagérées.

Indiquer cette première cause du mal, c'est en indiquer le remède; c'est indiquer qu'il ne faut pas que le citoyen appelé à être juré ne voie dans cette vocation qu'un devoir pénible à remplir; qu'il faut que la qualité et la fonction de juré soient honorées, et que tous se pénètrent bien de cette vérité, sans laquelle l'institution des jurés n'est plus qu'une vaine

abstraction, que c'est un devoir qu'ils remplissent envers eux-mêmes, puisque la sûreté
publique ne se compose que de la sûreté indi-
viduelle de tous.

A ces moyens de relever cette institution et
de la ramener à son but primitif d'utilité, nous
ajoutons une considération digne de quelque
examen : faut-il laisser la formation des listes
de jurés au pouvoir administratif ! n'est-il pas
à craindre que ce pouvoir, n'ayant ensuite
aucun point de contact avec les jurés, dans
l'exercice de leurs fonctions, ne regarde leur
désignation que comme une opération purement matérielle et indifférente !

Une autre des causes de la dégénération de
l'institution des jurés, aperçue par le tribunal
de cassation et par tout observateur, est dans
la manière dont les questions leur sont proposées.

Tendre avec trop d'efforts à la perfection,
c'est souvent s'en éloigner ; et, il faut le dire,
c'est ce qui est arrivé dans l'établissement des
règles relatives à la position des questions aux
jurés de jugement.

Une de ces règles, et ce n'est pas la moins

abusive, quoiqu'on l'ait regardée comme extrêmement importante, est qu'on ne puisse poser
aucune question *complexe*. De là cette multi-
plication de questions qui, dans plus d'une
affaire, se sont comptées par milliers ; de là
tant d'erreurs qu'a nécessairement entraînées
cette division toujours subtile, fatigante pour
l'attention, minutieuse dans ses détails, tandis
que la question générale, vue dans son ensemble, eût été susceptible d'une solution plus
facile et plus conséquente ; de là tant de cas-
sations, qui trop souvent peut-être ont été
prononcées sur le motif de la complexité des
questions.

Mais c'est sur-tout la nécessité de poser des
questions intentionnelles qui a donné lieu aux
plus scandaleuses absolutions ; c'est de cette
nécessité qu'on a le plus abusé.

Les exemples des plus étranges contradic-
tions, des déclarations les plus incohérentes,
et de la plus funeste impunité qui en a été la
suite, sont trop multipliés pour qu'il soit nécessaire d'en relever aucun.

Il est temps de mettre un terme à de si
déplorables abus. Sans doute il n'y a point de

crime là où il n'y a pas volonté et intention ; mais c'est là une exception qui ne devrait être soumise aux jurés que lorsque l'accusé l'a proposée, et que lorsque l'ayant proposée, il l'a basée sur des faits, sur des circonstances capables de manifester sa volonté, son intention de produire un effet autre que celui qui est résulté de son action.

Qu'alors ces faits, ces circonstances, soient soumis aux jurés, en réservant aux juges d'examiner et de déclarer s'ils excusent ou justifient, l'innocence restera dans tous ses droits ; mais le crime n'aura plus la ressource qu'il a trop souvent trouvée dans cette déclaration facile et vague, *qu'il n'a pas été commis avec intention.*

Et dès qu'une question touche à quelque point de droit, ne doit-elle pas, par cela seul, sortir du domaine des jurés ? Constitués juges du fait matériel, leur attribution naturelle est de déclarer si le fait est constant ou non, si l'accusé est ou non convaincu ; mais combien d'hommes appelés à être jurés sont hors d'état de décider si tel faux a été commis en acte authentique, si tel fait est résistance à la loi, si tel accusé est en récidive, si tel

complot tendait à compromettre la sûreté intérieure ou extérieure de l'État!

Il est pénible, mais nécessaire de le répéter: ^{Une seule question: L'accusé est-il coupable!}
peut-être, pour avoir voulu trop perfectionner
l'institution des jurés, le but a-t-il été manqué;
peut-être la seule question à leur proposer de-
vrait-elle être, *L'accusé est-il coupable!* et ce
serait aux juges à spécifier le délit d'après les
faits et les circonstances, et à en déterminer le
caractère avant que d'appliquer la peine.

On a proscrit le système des preuves légales;
on veut que les jurés n'écoutent que les im-
pressions qu'ils reçoivent aux débats, et n'o-
béissent qu'à leur conviction, sans analyser les
causes qui la produisent : mais par ces questions diverses et multipliées qu'on leur soumet,
ne sont-ils pas tourmentés plus qu'ils ne le
seraient par l'obligation de juger la nature des
preuves! au lieu qu'en répondant à cette question qui les comprend toutes, *L'accusé est-il
coupable!* ils exprimeraient bien mieux leur
conviction résumée et leur sentiment dans
toute sa pureté.

Il ne faut pas en douter, cette question plus
simple, embrassant à-la-fois le fait et l'intention,

offrant à l'accusé la même garantie, puisqu'il ne serait abandonné au pouvoir judiciaire que lorsqu'il aurait été reconnu coupable par ses pairs, débarrassant le travail et les réponses des jurés de toute complication, prévenant les dangereux effets d'une trop subtile métaphysique, comme ceux de la lassitude et de la distraction, remplirait mieux que toute autre manière, et l'objet de l'institution, et celui de la société et de la justice.

Une observation principale que le tribunal de cassation a faite sur le code pénal relativement à la distribution des peines, vient se placer ici.

C'est une idée séduisante que celle qui a engagé le législateur à prévoir, non-seulement toutes les espèces de délits, mais encore les circonstances qui pouvaient les aggraver, et à déterminer la graduation des peines d'après la nature et le nombre des circonstances.

Mais si la loi ne peut prévoir et déterminer toutes les nuances par lesquelles un délit se varie à l'infini, qui le rendent plus ou moins grave ou odieux, qui le rendent susceptible d'une peine plus ou moins sévère ; si cette précision mathématique ne peut pas exister dans le code pénal, cette idée de graduation qu'on a embrassée ne manque-t-elle pas son but! ne devient-elle pas au contraire une source d'erreurs et d'injustices!

Qu'un *maximum* et un *minimum* soient établis dans la graduation des peines qui en sont susceptibles, l'inconvénient disparaît; et ce serait une crainte vaine que celle de l'arbitraire laissé au juge, puisque la loi aura posé les limites qu'il ne pourra jamais franchir.

Établir un maximum et un minimum dans la graduation des peines.

Un exemple fera mieux sentir la justesse de cette observation. Par nos lois pénales, la peine des recéleurs est la même que celle des voleurs; cependant la peine du vol varie depuis la simple détention jusqu'à la peine de vingt ans de fers, suivant les circonstances. N'est-il pas évident que le recéleur du vol le moins qualifié peut, par des circonstances qui lui sont propres, être plus criminel que le recéleur d'un vol qui a été commis avec les circonstances les plus aggravantes!

Il faut cependant aujourd'hui infliger au dernier une peine beaucoup plus forte qu'au premier. L'équité s'en offense, et elle n'est pas moins blessée de la punition égale de deux hommes convaincus d'un même délit, mais dont l'un est un scélérat déterminé, digne de toute l'animadversion de la justice, tandis que l'autre n'a été que faible et égaré.

Peine de mort.   Le tribunal de cassation a cru qu'il lui était permis de porter ses regards plus loin encore; et puisque le Gouvernement appelle les observations nées de son expérience, il regarde comme un devoir de lui exprimer son vœu pour le maintien de la peine de mort.

Il est malheureux que la question de l'abolition de la peine de mort et des droits de la société sur la vie des individus ait été agitée. Mais quelle que soit sur ce point la facile théorie des livres, on ne peut se dissimuler que la digue la plus puissante à opposer au débordement des crimes, est de contenir les hommes portés à les commettre, par le sentiment de l'amour d'eux-mêmes et par l'intérêt de leur conservation.

L'intérêt social, la nécessité des exemples, la trop grande facilité d'échapper aux peines purement temporaires, l'état de guerre qui

s'établit

s'établit entre la société et un brigand qui la dévaste, le repos public qui se lie à l'idée qu'on n'a plus rien à craindre d'un malfaiteur qui n'existe plus, l'humanité même, que la société a aussi le droit d'implorer pour elle, et qui, relativement aux condamnés, se soulève contre l'idée d'un supplice continuellement prolongé, sont autant de motifs auxquels il est difficile de résister, qui sollicitent le maintien de la peine de mort dans les cas graves et capitaux, mais rares et positivement déterminés, qui en seront susceptibles.

Il serait facile de donner à ces motifs les développemens les plus lumineux, et de répondre à ce mot trop répété, *qu'un homme qui a péri sous le glaive de la justice, n'est bon à rien;* comme si un scélérat qui, tant qu'il vit, est à craindre, et que mille chances peuvent dérober à la peine qu'il subit, était meilleur à quelque chose !

Mais il ne s'agit pas de se livrer ici à une discussion philosophique; c'est sous l'aspect de l'intérêt général, de la sûreté publique, c'est sous l'aspect de la répression morale produite par l'exemple, que cette question veut

B

être envisagée : et certes, vue sous tous ces rap-
ports, elle peut aujourd'hui être d'autant moins
problématique, que le Premier Consul est investi du droit de faire grâce, et que, par l'exercice de la clémence, il peut, dans les occasions
favorables, tempérer la nécessité de punir.

Droit de grâce.   Reposons-nous un moment d'une discussion
trop pénible, en nous arrêtant sur ce que cette
belle attribution offre d'équitable et de conso-
lant. Le tribunal de cassation en avait formé
le vœu, et il en avait réservé l'émission pour
marquer cette journée solennelle consacrée à
la discussion des plus grands intérêts de la
société et des citoyens. Il avait desiré que le
droit de faire grâce ne fût pas retranché de la
puissance du Gouvernement, parce qu'il est
des cas où la loi elle-même peut desirer d'être
fléchie, parce que ce pouvoir se lie à de
grandes considérations politiques et à de puis-
sans motifs d'équité. Il l'avait desiré comme
un moyen de ramener l'institution des jurés à
la pureté de son principe, comme un moyen
d'empêcher désormais que les jurés, trop af-
fectés par le sentiment de l'intensité de la

peine, ne se livrassent, comme il est arrivé trop souvent, à des déclarations incohérentes et à des écarts affligeans pour éluder l'application d'une loi qui leur paraissait trop sévère. Prévenus dans notre intention, nous n'avons qu'à féliciter l'humanité de cette conquête, et nous-mêmes de voir notre vœu accompli.

Il nous reste à dire un mot d'un crime dont la fréquence effrayante appelle l'attention du Gouvernement et des législateurs; nous parlons de l'infanticide. Ce crime, qui fait frémir la nature, et qui, par suite du relâchement de tous les sentimens et de tous les devoirs, est devenu si commun, est presque toujours impuni. On dirait qu'il y a une espèce d'accord des jurés pour acquitter les filles mères mises en jugement pour avoir fait périr leurs enfans.

Quelle est la cause de cette déplorable indulgence et de cette pernicieuse impunité!

La peine de mort est-elle trop sévère! Une modification est-elle nécessaire dans la loi! La faiblesse d'un sexe poursuivi et dominé par l'opinion appelle-t-elle cette modification!

Le tribunal de cassation, en soumettant ces

Infanticide.

idées au Gouvernement, et en lui présentant les faits trop réels qui les ont amenées, ne peut qu'y ajouter le vœu qu'il forme qu'une sage administration, remontant à la cause du mal et pour en tarir la source, établisse et multiplie des asiles où les filles-mères trouveront secours et discrétion, et où leurs enfans adoptés par la patrie trouveront et les premiers moyens de subsistance, et ensuite les moyens d'une existence utile.

Surveillance des individus qui ont subi de premières condamnations.

C'est encore au desir de prévenir les crimes, que tient la pensée que nous manifestons ici, que le Gouvernement exerce un droit de surveillance active sur les individus qui, après avoir subi de premières condamnations, ne reportent souvent dans la société que plus de perversité et de nouvelles dispositions à de nouveaux méfaits.

Si la société ne peut repousser de tels êtres de son sein, elle ne peut non plus les y admettre sans crainte. Pourquoi une loi prévoyante ne la rassurerait-elle pas, en prescrivant que la police, attentive sur eux comme sur les hommes sans domicile, sans profession et sans aveu, pourrait exiger d'eux des répondans, leur assigner telle résidence, les éloigner de tel lieu, les attacher à tels ateliers, prendre enfin à leur égard telles mesures qui, sagement circonscrites et sagement appliquées, sans alarmer la liberté civile, contiendraient cette classe d'individus d'où sortent le plus fréquemment les crimes les plus graves et les attentats les plus dangereux ?

§. II.

La seconde vue indiquée dans l'arrêté des Consuls du 5 ventôse an 10, étant relative au perfectionnement des différens codes, elle ne peut encore donner lieu à aucune observation.

§. III.

La troisième vue indiquée dans le même arrêté tend à la réformation des abus qui se seraient glissés dans l'exercice de la justice, et à l'établissement, dans les tribunaux, de la meilleure discipline, tant à l'égard des juges qu'à l'égard des officiers ministériels.

Ici notre tâche est encore extrêmement simplifiée ; d'une part, parce qu'il est à espérer que le code de la procédure, établissant dans l'instruction des affaires une marche simple et régulière, obviera à une partie non moins considérable que funeste des abus dont on a raison de se plaindre aujourd'hui ; d'autre part, parce que l'intention bien manifestée du Gouvernement étant que les juges soient choisis avec soin, que leur choix soit appelé et garanti par des études préalables et par un exercice constaté, que la science des lois soit unie à des qualités morales et à une réputation pure, enfin que la confiance publique environne les juges, des choix ainsi faits deviennent eux-mêmes la plus sûre garantie de la meilleure discipline, et l'objet est rempli.

Il le sera mieux encore si, d'après cette première base, vous établissez dans les tribunaux un ordre progressif de justice, de manière qu'une place inférieure ne soit qu'un acheminement à une place supérieure, et qu'il n'y ait d'exception à cet égard que celle qui serait justifiée par le mérite et par les services ; si les suppléans dans les tribunaux de première instance ont la perspective d'y être juges ; si les juges ont celle d'arriver aux tribunaux d'appel ; si la présidence des tribunaux est ordinairement déférée à celui qui, dans le sein de chaque tribunal , s'est le plus distingué et s'est rendu le plus recommandable. Cet encouragement utile , cet aliment offert à une ambition honorable , garantira à la société, de la part de chaque juge, sa fidélité à ses devoirs et son exactitude à les remplir.

Dans un ouvrage digne d'attention par la sagesse et l'utilité des vues qu'il renferme, un de nos collègues (1) a fait sentir combien il serait bon et profitable que la République assurât des secours, pendant leur vieillesse, à ceux qui lui ont dévoué leurs travaux pendant tout le temps actif de leur vie.

Encouragement et secours aux juges vieux et infirmes.

Cette idée, facile peut-être à réaliser sans surcharge pour le trésor public, mérite d'être accueillie ; et ce serait encore un puissant motif d'encouragement pour des juges auxquels toute voie et tous moyens d'amélioration de fortune sont impossibles et sévèrement interdits , que cette assurance qu'après de longs et utiles services, l'âge des infirmités et de la faiblesse ne

____

(1) Le C.on Brillat-Savarin.

B 4

serait pas pour eux l'âge de la misère et du dénuement.

Réduction et réunion des tribunaux de première instance. . Au surplus , on ne peut pas se dissimuler , d'après l'expérience, quels inconvéniens résultent, dans le nouvel ordre judiciaire, de la trop grande multiplicité des tribunaux de première instance.

Les justiciables ont moins besoin d'une justice plus rapprochée que d'une bonne justice ; et, disons-le, peuvent-ils l'espérer de cette foule de petits tribunaux dont les places mal salariées , faiblement considérées, ne peuvent être que très-insuffisamment remplies !

. La moindre facilité d'aborder les tribunaux peut étouffer dans leur principe, et amener à la voie toujours desirable de la conciliation, des procès nombreux sur de petits intérêts, qui, pour avoir été trop légèrement commencés , deviennent interminables et ruineux.

. Mais l'idée de la réduction des tribunaux et de leur réunion tient à des idées encore plus grandes ; et quand le Gouvernement a manifesté l'heureuse intention que la magistrature fût environnée de cette considération nécessaire, qui en est tout-à-la-fois l'élément et le prix ,

l'agrandissement des tribunaux par la réduction du nombre trop considérable de ceux
qui existent, et par la fusion des uns dans
les autres, est une suite de cette pensée ; les
tribunaux acquerront une consistance bien plus
imposante, et les juges y contracteront même
forcément l'habitude de ce respect d'eux-
mêmes, seul véhicule du respect qu'ils ont
droit d'exiger et d'obtenir des autres.

Mais il ne suffit pas de s'occuper et du
choix des juges, et des encouragemens d'hon-
neurs et de secours à leur offrir, et de la composition matérielle des tribunaux : il faut, avant
tout, former des hommes ; les préparer par
l'étude ; il faut, s'il est possible de s'exprimer
ainsi, il faut semer de bons juges.

La loi du 11 floréal an 10 sur l'instruc- Instruction.
tion publique, portant qu'il pourra être établi
dix écoles de droit ; l'arrêté des Consuls du
27 fructidor, qui rétablit les tribunaux dans
les départemens du Golo et du Liamone,
portant que le ministre de la justice ne pourra
présenter que des individus qui aient été licen-
ciés, ou qui aient exercé près des tribunaux
au moins pendant dix ans, nous font déjà

assez connaître que le vœu du Gouvernement
a prévenu le nôtre sur la nécessité de l'instruction pour arriver aux fonctions judiciaires.

Et c'est ce qui autorise le tribunal de cassation, en étendant ses vues à cet égard, à sollici-
ter, d'une part, des dispositions législatives et
générales, et, d'autre part, à demander qu'il
soit organisé près de chaque tribunal d'appel
un collége de défenseurs ou d'avocats inscrits
sur un tableau, qui, n'étant admis qu'après des
études constatées et des examens subis, exer-
ceront seuls et exclusivement le beau ministère
de la défense officieuse.

Il est aisé de pressentir, sous tous les rap-
ports, les avantages de cette réinstitution ; une
aggrégation d'hommes probes et instruits, une
aggrégation dont l'honneur serait la base et le
mobile, en environnant les tribunaux d'une
dignité nouvelle, offrirait aussi à tous les citoyens un gage plus assuré de confiance.

. Il faut enfin faire cesser l'empire du charla-
tanisme sur la crédulité.

- Il faut faire cesser ce système et cette
habitude de calomnie et de diffamation,
qui se sont trop scandaleusement introduits

dans les tribunaux, en n'admettant au droit d'y défendre, que des hommes avoués, inscrits et moralement responsables.

Il ne faut plus permettre que tout individu, s'érigeant en défenseur, puisse impunément tromper la confiance, insulter à la majesté des lois dans le mécontentement d'une cause justement perdue, braver l'autorité des tribunaux, et, par des démarches encore plus folles que hardies, provoquer la subversion de tous les principes et la confusion de tous les pouvoirs.

C'est dans le sein de cette aggrégation, ainsi régénérée, que seront ensuite choisis, sans inquiétude comme sans danger, les hommes qui, après avoir fourni une carrière honorable, seront appelés, par l'estime publique, à siéger dans les tribunaux.

C'est spécialement près le tribunal créé par la loi, uniquement pour la loi, et où tout intérèt privé cesse d'être compté; c'est près le tribunal de cassation, que cette réorganisation d'un ordre exclusif de défenseurs doit être faite.

Là, c'est la loi qui doit être vengée, si elle

a été offensée : là, il ne s'agit que du maintien des formes essentielles et tutélaires : là, conséquemment, tout défenseur doit être versé dans la science des lois ; il doit en avoir fait une étude plus approfondie ; il doit être essentiellement jurisconsulte ; et il est à regretter que la loi du 27 ventôse an 8 n'ait mis aucune différence entre les avoués près le tribunal de cassation et les avoués près les autres tribunaux.

Le tribunal de cassation croit devoir consigner ici une réclamation de justice, fondée sur la nature des choses et des fonctions spéciales que remplissent les défenseurs qui lui sont attachés : il demande qu'il soit statué, par une disposition précise, que les défenseurs avoués, établis près de lui, ne seront pris que parmi les individus inscrits sur le tableau général des défenseurs, et qu'ils ne conserveront pas moins, puisque leur attachement plus spécial au tribunal de cassation ne fait que les attacher plus spécialement à la défense de la loi, leur titre, leur indépendance, et tous les droits de leur inscription.

Censure. Dans ses méditations sur l'objet de la mission

qu'il remplit aujourd'hui , le tribunal de cassation avait considéré quelle serait l'utilité du rétablissement de la censure sur les tribunaux.

Investi du droit redoutable de mettre les juges en accusation sur les délits qui peuvent être commis par eux dans l'exercice de leurs fonctions, il avait desiré d'être investi du droit moins rigoureux, et peut-être plus efficace, de les avertir ; et c'était dans la vue d'avoir moins à exercer une justice sévère, qu'il se proposait de réclamer les moyens d'une police salutaire.

Le sénatus-consulte organique de la Constitution, du 16 thermidor, a prévenu et rempli son vœu. La censure est établie ; et avoir dit qu'elle existe, c'est, il faut l'espérer, avoir déjà rendu plus rares les occasions de l'exercer.

Mais cette mesure d'ordre et de sagesse veut être complétée. Une loi serait nécessaire, qui, déterminant et embrassant, 1.º tous les cas de forfaiture disséminés dans des lois éparses et insuffisantes, 2.º tous les cas qui, quoique n'emportant pas forfaiture, appellent cependant une peine de discipline et une satisfaction à la loi, 3.º les cas et le mode de la prise à

Loi qui formerait le code entier de la discipline judiciaire.

partié, 4.° enfin, qui, organisant l'exercice de la censure dans les cas qui en sont susceptibles, présenterait dans un seul et même cadre l'ensemble des dispositions relatives à cette matière importante, et le code entier de la discipline judiciaire.

. Ainsi, dans cette loi, qui descendrait du crime jusqu'à la faute, de la prévarication jusqu'à la négligence, qui parcourrait tous les degrés de culpabilité, chaque juge trouverait la règle de ses devoirs et de sa conduite ; il y puiserait le sentiment de la grandeur du ministère dont il est revêtu. Et, n'en doutons pas, cette loi, faisant disparaître toute lacune, obviant également à l'impunité et à l'arbitraire, étant pour les juges un avertissement continuel et vivant, cette loi produirait, par son seul précepte, l'effet que nous desirons n'avoir jamais à obtenir de son application.

Avoués près les tribunaux.

Quant à la meilleure discipline à établir relativement aux officiers ministériels, l'arrêté du 13 frimaire an 9, qui établit une chambre des avoués près du tribunal de cassation, de chaque tribunal d'appel et de première instance, satisfait à cette vue, à quelques développemens près, qui restent à desirer.

La police intérieure que cet arrêté établit, au très-grand avantage de réprimer les fautes avec célérité, joint celui de prévenir le scandale, et de maintenir dans les corps secondaires établis près les tribunaux, le sentiment de la considération personnelle nécessaire à chaque individu.

Mais tout n'a pas été réglé par l'arrêté du 13 frimaire : lorsque l'inculpation portée à la chambre de discipline paraît assez grave pour mériter la suspension de l'avoué accusé, l'autorité de la chambre se borne à donner un avis , qui est déposé au greffe du tribunal, et dont expédition est remise au commissaire du Gouvernement pour en faire l'usage qui sera voulu par la loi.

Mais quel est *cet usage voulu par la loi!* Y aura-t-il lieu, dans ce cas, à une procédure instruite et jugée aux formes ordinaires! ou bien, les tribunaux eux-mêmes, procédant par voie de discipline, se borneront-ils à donner leur sanction à l'avis de la chambre!

L'intérêt public exigeant que chaque tribunal ait la police des officiers ministériels qui lui sont attachés, et qu'à cet égard tout soit promptement et définitivement terminé, ne faudrait-il pas statuer par une disposition positive, que, soit les décisions de la chambre en matière de discipline, soit les jugemens rendus par les tribunaux en même matière, ne seraient sujets à aucun recours?

L'arrêté du 13 frimaire ne détermine rien relativement aux huissiers.

Huissiers.   On sent en effet qu'il serait impossible d'établir des chambres de discipline dans la plupart des tribunaux où les huissiers sont en trop petit nombre.

Mais, à cet égard, la précaution serait suffisante, si un pouvoir discrétionnaire était attribué aux présidens des tribunaux et aux commissaires du Gouvernement, dont la surveillance consisterait à recevoir les plaintes, à appliquer les peines de censure aux fautes qui en sont susceptibles, même à prononcer un emprisonnement pour trois jours, et, dans les cas plus graves, à recueillir les preuves et à en faire un rapport au tribunal, qui pourrait prononcer l'interdiction pour un temps déterminé, ou, suivant la nature des circonstances,

émettre

émettre son vœu, qu'il transmettrait au Gouvernement, pour la destitution et le remplacement de l'huissier.

Le tribunal de première instance de Paris a établi une chambre de discipline pour les huissiers, par un réglement qu'il a fait le 1.er frimaire an 10 ; mais cette mesure étant purement locale, la vue générale indiquée ne paraît pas moins la plus propre à remédier aux abus et aux inconvéniens.

Après avoir parcouru ces objets généraux, il reste au tribunal de cassation à soumettre au Gouvernement ses vues sur deux points qui lui ont paru non moins essentiels.

Le premier est relatif à l'établissement d'un meilleur mode de défense des intérêts de la République, dans, les affaires contentieuses et judiciaires.

Par les lois nouvelles et par les arrêtés du Gouvernement, cette défense est confiée aux seuls commissaires du Gouvernement près les tribunaux, et l'insuffisance de cette mesure est démontrée par ses résultats.

. Les commissaires du Gouvernement n'a-

Meilleur mode de défense des intérêts et des procès de la République.

gissent que par voie de réquisition ; l'exercice des actions est dans la main des préfets.

Mais les préfets, chargés de tous les détails d'une vaste administration, peu versés, au moins la plupart, dans la partie contentieuse, ne peuvent, au gré de leur zèle, diriger et poursuivre les actions qui intéressent la République ; ils ne peuvent pas mieux environner les commissaires du Gouvernement près les tribunaux, des instructions nécessaires ; et de ce mode de défense vicieux, parce qu'il est incomplet, résultent de fréquentes condamnations qui atténuent les droits nationaux, et portent un détriment sensible aux propriétés et aux revenus fixes de l'État.

- Établir près chaque préfecture un défenseur qui serait chargé de la direction des actions, de la défense et de l'instruction de toutes les affaires contentieuses de la République, jusqu'à jugement définitif, serait un moyen facile de parer aux inconvéniens que nous venons de relever, et dont l'expérience ne nous a que trop avertis.

L'État y trouverait l'avantage d'une instruction toujours approfondie, jamais négligée.

Il y trouverait l'avantage, que les commissaires du Gouvernement, munis de renseignemens sûrs, et éclairés par une discussion plus mûrie, seraient plus en état de préparer la décision des tribunaux par des conclusions plus instructives et plus soigneusement motivées.

A ce moyen simple, d'autant plus simple qu'en honorant cette qualité de défenseur de la République, et en assignant l'honoraire du travail sur le résultat de chaque affaire, il serait peu coûteux, on pourrait ajouter un moyen secondaire, et peut-être encore plus rassurant pour la conservation du domaine national dans son intégrité la plus parfaite.

Pourquoi n'associerait-on pas à la surveillance des administrations locales, la régie de l'enregistrement, qui, sans cesse occupée, par le ministère de ses nombreux préposés, de la conservation du domaine public et du recouvrement de tout ce qui en fait partie, est plus à portée de veiller à ce que rien de ce qui le constitue, soit en propriétés foncières, soit en droits réels, n'échappe à ses recherches!

Pourquoi ne l'autoriserait-on pas, sur l'avis préalable du conseil de préfecture, à former les actions concurremment avec les préfets, toujours sous le nom de ceux-ci, à les provoquer, à les diriger et à les suivre!

Par cette surveillance plus active et plus étendue, on sent combien les intérêts de la République seraient moins lésés, et quelle garantie le Gouvernement y trouverait contre les entreprises et les spéculations dont le domaine national n'est que trop souvent l'objet.

Cas non prévus par la loi du 27 vent. an 8, du troisième recours en cassation.

Le dernier point qui reste à traiter appartient à un cas qui n'est qu'insuffisamment prévu par la loi, et qu'il est cependant d'une haute importance, et dans l'intérêt public et dans l'intérêt particulier de l'État, de déterminer positivement.

Nous disons dans l'intérêt particulier de l'État, parce que c'est principalement dans des affaires qui intéressent le fisc que ce cas s'est présenté, et spécialement dans les affaires de douanes.

Ce cas est celui où, après deux jugemens intervenus sur un même procès, attaqués par les mêmes moyens, et deux fois cassés, il en intervient un troisième conforme aux deux

premiers, et qui donne ouverture à une troisième cassation.

La loi du 27 ventôse an 8 porte :

« Lorsqu'après une cassation, le second
» jugement sur le fond sera attaqué par les
» mêmes moyens que le premier, la question
» sera portée devant toutes les sections réunies
» du tribunal de cassation. »

Mais elle s'arrête là, et conséquemment elle
laisse la difficulté toute entière, en ce qu'elle ne
prévoit pas le cas où, après une seconde cassation prononcée en sections réunies, le troisième
jugement sur le fond serait encore attaqué.

Alors, où la question sera-t-elle portée ! et,
ce qui est plus important encore, quel sera
le terme de cette lutte des tribunaux d'appel
avec le tribunal de cassation, de la résistance
de ceux-là à l'expression de la loi dont celui-ci
est le premier organe !

S'il nous était permis d'interpréter le silence
de la loi du 27 ventôse sur le cas de la troisième cassation, nous dirions qu'elle n'a pas
prévu ce cas, parce qu'elle a cru ne devoir
pas le prévoir, et parce qu'elle n'a pas dû sup-
poser, dans les tribunaux auxquels après deux

jugemens cassés une affaire est encore renvoyée, cette résistance aux principes souve-
rains de la décision du tribunal de cassation ;
nous dirions qu'elle a entendu que ces principes
fussent la règle immuable du troisième jugement ; et nous serions d'autant plus autorisés
à le dire, que cette loi transférant au tribunal
de cassation le pouvoir que la constitution de
l'an 3 donnait au corps législatif seul dans le
cas d'un second recours en cassation, il est
naturel de penser qu'elle a voulu que la décision émanée du tribunal de cassation eût la
même autorité et la même force que l'acte qui,
sous l'empire de la constitution de l'an 3, éma-
nait du corps législatif même.

Mais sans nous livrer, à cet égard, à une
interprétation, quelque fondée qu'elle pût
être, c'est une explication nécessaire que nous
demandons.

Nécessaire, parce qu'il faut enfin que les
procès aient un terme ; et cependant après
une troisième cassation il pourra y avoir un
quatrième recours, sans qu'il soit certain encore que ce soit le dernier.

Nécessaire, parce que si la décision du

tribunal de cassation pouvait ainsi être obsti-
nément et impunément méconnue, il y aurait
donc un point et un moment où la loi pourrait être audacieusement et gratuitement violée.

Nécessaire, parce que c'est un état subversif
de tout ordre, de toute hiérarchie, que cet état
de résistance de l'autorité subordonnée contre
l'autorité supérieure, que cette obstination
alors évidemment affectée de se roidir contre
la chose souverainement et deux fois jugée.

C'est à la sagesse du Gouvernement à remédier à ces inconvéniens graves,

Soit en proposant une loi qui statue que le
tribunal d'appel auquel sera renvoyée une affaire sur laquelle sera intervenu un deuxième
jugement de cassation rendu en sections réunies, sera tenu de se conformer, en jugeant
de nouveau le fond, aux principes de la décision émanée du tribunal de cassation, et qui,
selon les circonstances, ouvre, en cas de con-
travention, la voie de la prise à partie ;

Soit en faisant autoriser par la loi le tribunal
de cassation à casser *de plano*, sur un troisième
recours, par moyen d'attentat à l'autorité de
la chose jugée ; ce qui rendrait tout recours

ultérieur impossible : à moins qu'un tribunal n'osât se déclarer au-dessus de tous les pouvoirs ; prétention qui serait trop punissable pour qu'elle puisse être supposée.

Ici se terminent les observations que le tribunal de cassation s'est proposé de soumettre cette année au Gouvernement. Peut-être sommes-nous restés loin du but que nous aurions désiré atteindre : nous croirons cependant avoir rempli notre tâche, si du moins notre travail atteste notre zèle, et si, parmi les vues que nous avons émises, et que le plus sincère désir du bien nous a inspirées, quelques-unes peuvent mériter d'être recueillies avec utilité.

FIN.